¡Conocimiento a tope!

Artes en acción

Los cinco elementos del arte

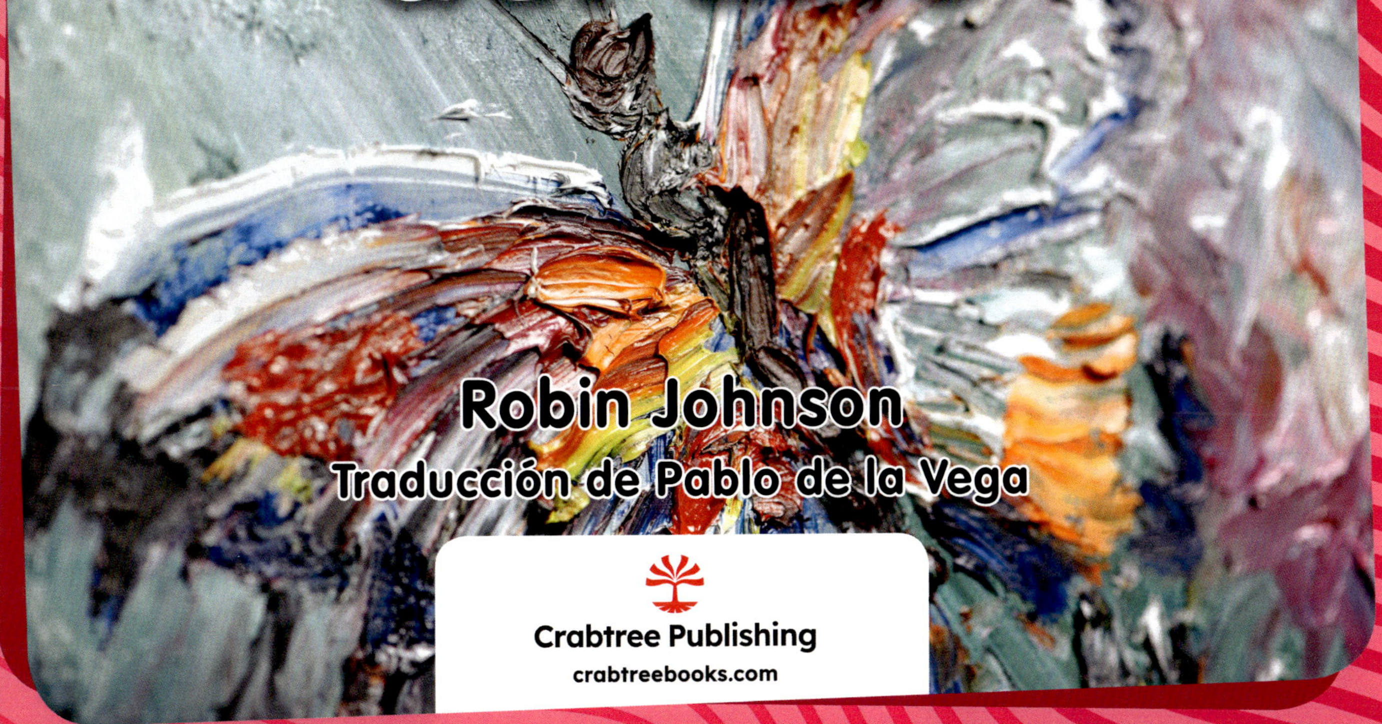

Robin Johnson

Traducción de Pablo de la Vega

Crabtree Publishing
crabtreebooks.com

Objetivos específicos de aprendizaje:
Los lectores podrán:

- Identificar los cinco elementos del arte y explicar cómo cada uno tiene un propósito.
- Explicar cómo los cinco elementos del arte trabajan en conjunto.
- Encontrar información en las imágenes y en el texto.

Palabras de uso frecuente (primer grado) a, el, es, esta(e), hace(n)(r), hay, la, para, puede(n)(s), son, un	**Vocabulario académico** color, escultura, espacio, forma, línea, mosaico, patrón, textura, torno cerámico

Estímulos antes, durante y después de la lectura:

Activa los conocimientos previos y haz predicciones:
Pide a los niños que lean el título y miren las imágenes en la tapa y la portada. Pregúntales:

- ¿De qué creen que tratará el libro?
- ¿Conocen alguno de los cinco elementos del arte?
- ¿Puedes ver alguno de los elementos del arte en las imágenes en la tapa o la portada?

Durante la lectura:
Después de leer las páginas 6 y 7, pide a los niños que lean de nuevo los cinco elementos del arte y luego vean las imágenes que muestran a cada uno. Por último, que miren las imágenes de la página 7 donde se muestran todos los elementos unidos. Pregúntales:

- ¿Qué información obtienes de las palabras?
- ¿Qué información obtienes de las imágenes?
- ¿Es la misma información? ¿Cómo es diferente?

Después de la lectura:
Crea un cartel didáctico con palabras y definiciones para los cinco elementos del arte. Pide a los niños que elaboren sus propias definiciones. Invita a los niños a crear piezas de arte que muestren cada elemento. Haz un muro de «Elementos del Arte» con el cartel didáctico y las piezas de arte.

Crabtree Publishing

crabtreebooks.com 800-387-7650

In Canada: We acknowledge the financial support of the Government of Canada through the Canada Book Fund for our publishing activities.

Published in Canada
Crabtree Publishing
616 Welland Avenue
St. Catharines, Ontario
L2M 5V6

Published in the United States Crabtree Publishing
347 Fifth Avenue
Suite 1402-145
New York, NY 10016

Hardcover 978-0-7787-8340-4
Paperback 978-0-7787-8361-9
Ebook (pdf) 978-1-4271-2636-8

Printed in Canada/112023/CP20231027

Author: Robin Johnson
Series development: Reagan Miller
Editor: Janine Deschenes
Proofreader: Melissa Boyce
STEAM notes for educators: Janine Deschenes
Guided reading leveling: Publishing Solutions Group
Cover and interior design: Samara Parent
Translation to Spanish: Pablo de la Vega
Edition in Spanish: Base Tres
Photo research: Robin Johnson and Samara Parent
Print coordinator: Katherine Berti
Photographs: Shutterstock: Sopha Changaroon: cover; BestPhotoPlus: p. 4; Darkdiamond67: p. 5 (t); meunierd: p. 10 (br); CJM Grafx: p. 13 (t); Pyty: p. 13 (b); Comaniciu Dan: p. 15 (l); SUPREEYA-ANON: p. 17 (b); pio3: p. 19 (t); olf G Wackenberg: p. 20; manzrussali: p. 21; All other ph ographs by Shutterstock

Library and Archives Canada Cataloguing in Publication
Title: Los cinco elementos del arte / Robin Johnson ; traducción de Pablo de la Vega.
Other titles: Five parts of art. Spanish
Names: Johnson, Robin (Robin R.), author. | Vega, Pablo de la, translator.
Description: Series statement: ¡Conocimiento a tope! Artes en acción | Translation of: The five parts of art. | Includes index. | Text in Spanish.
Identifiers: Canadiana (print) 20200296515 | Canadiana (ebook) 20200296523 | ISBN 9780778782841 (hardcover) | ISBN 9780778783213 (softcover) | ISBN 9781427126306 (HTML)
Subjects: LCSH: Art—Technique—Juvenile literature. | LCSH: Composition (Art)—Juvenile literature.
Classification: LCC N7430 .J65518 2021 | DDC j701/.8—dc23

Library of Congress Cataloging-in-Publication Data
Names: Johnson, Robin (Robin R.), author. | Vega, Pablo de la, translator.
Title: Los cinco elementos del arte / Robin Johnson ; traducción de Pablo de la Vega.
Other titles: Five parts of art. Spanish
Description: New York : Crabtree Publishing Company, [2021] | Series: ¡Conocimiento a tope! Artes en acción | Includes index.
Identifiers: LCCN 2020032738 (print) | LCCN 2020032739 (ebook) | ISBN 9780778782841 (hardcover) | ISBN 9780778783213 (paperback) | ISBN 9781427126306 (ebook)
Subjects: LCSH: Composition (Art)--Juvenile literature.
Classification: LCC N7430 .J5818 2021 (print) | LCC N7430 (ebook) | DDC 701/.8--dc23
LC record available at https://lccn.loc.gov/2020032738
LC ebook record available at https://lccn.loc.gov/2020032739

Índice

¿Qué es el arte?

Hay muchos tipos de arte. Algunos son cosas que la gente puede mirar. Los artistas hacen pinturas hermosas. Hacen **esculturas** interesantes y ropa colorida.

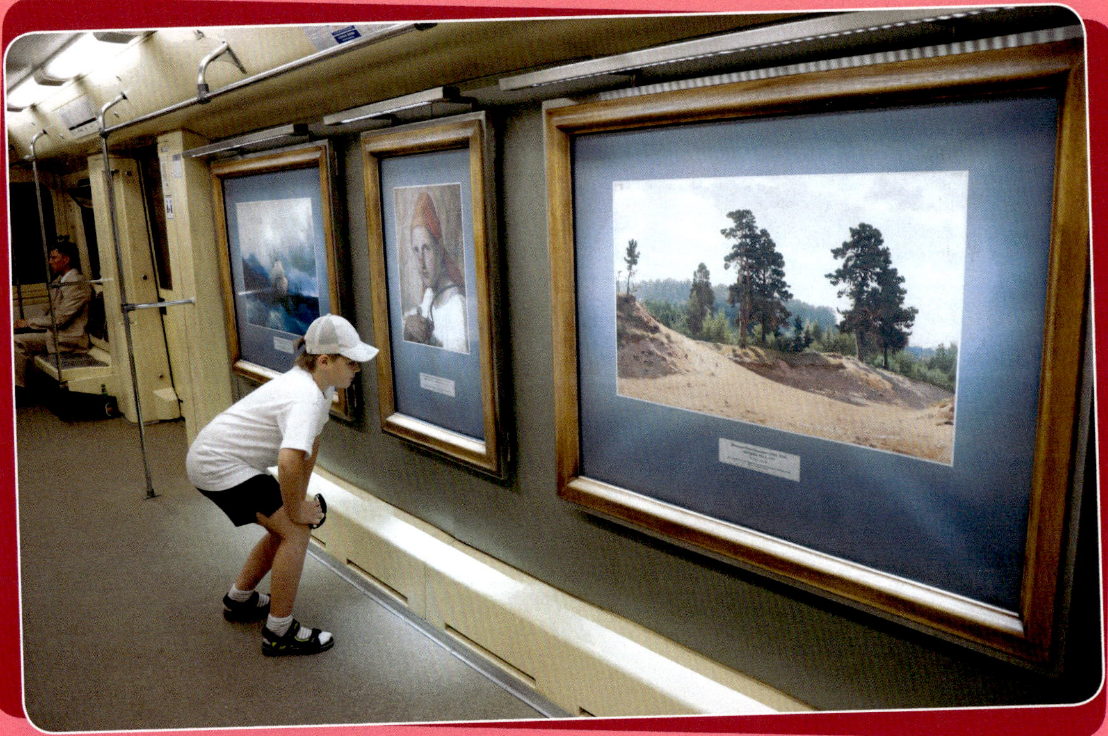

Este niño mira unas pinturas. Este tipo de arte está hecho para que la gente lo mire y disfrute.

Esta artista está haciendo un hermoso tapete. Un artista es una persona que hace arte.

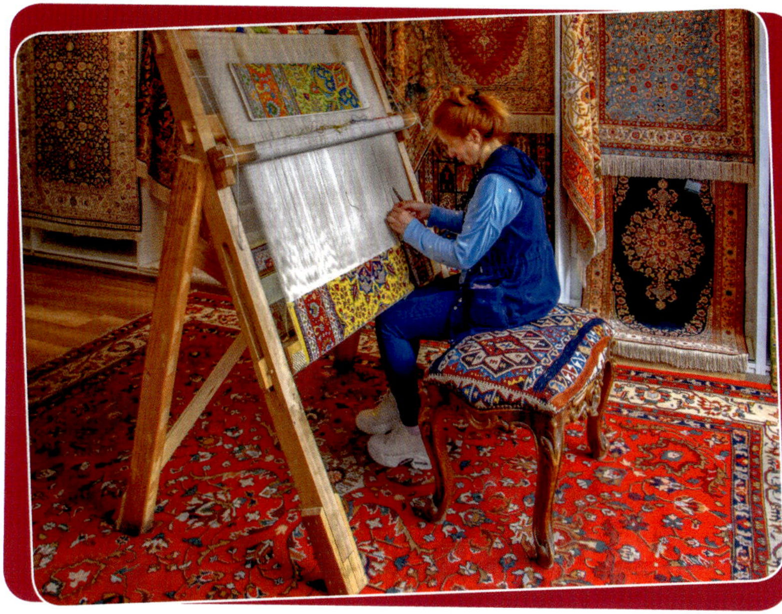

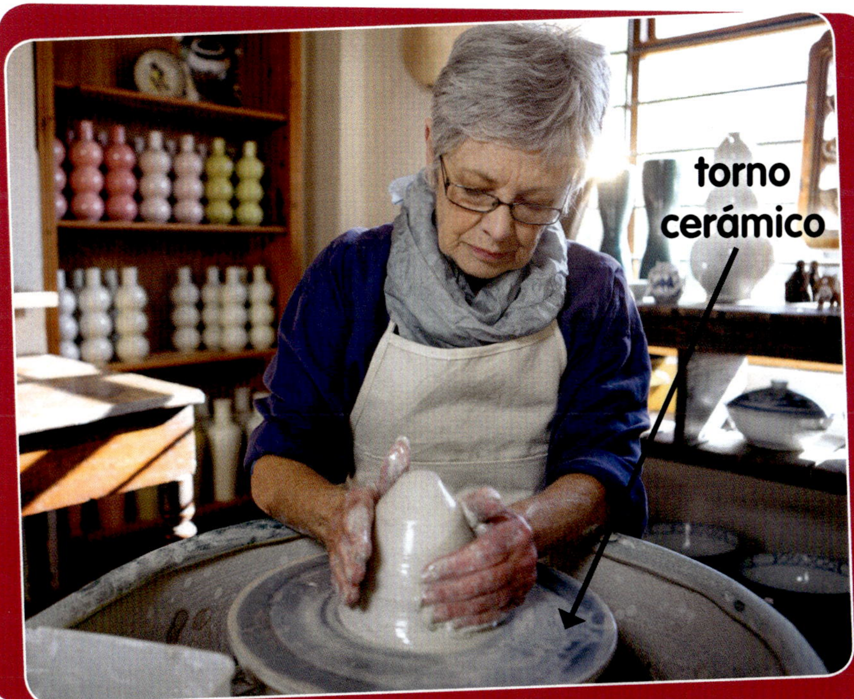

Esta artista está haciendo una **vasija**. Usa una herramienta llamada torno cerámico.

Cinco elementos

El arte que podemos ver tiene cinco elementos principales. Esos elementos son línea, color, forma, espacio y **textura**. El arte puede tener algunos o todos esos elementos.

línea

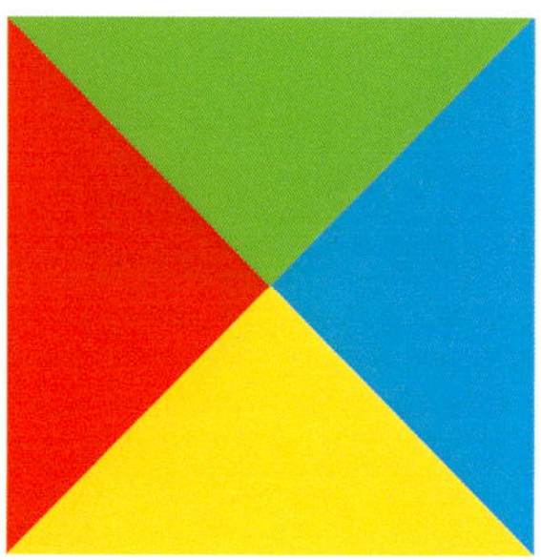

color

forma

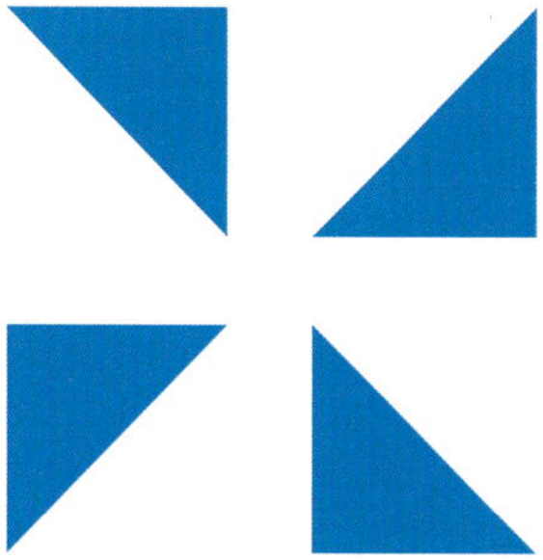

espacio

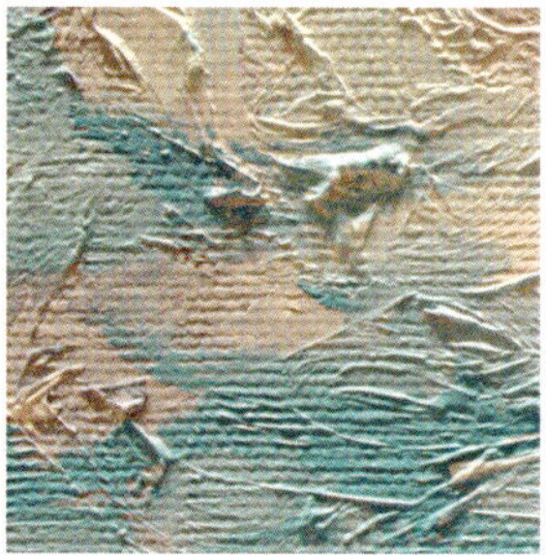

textura

Estas cestas tienen líneas, color, forma, espacio y textura.

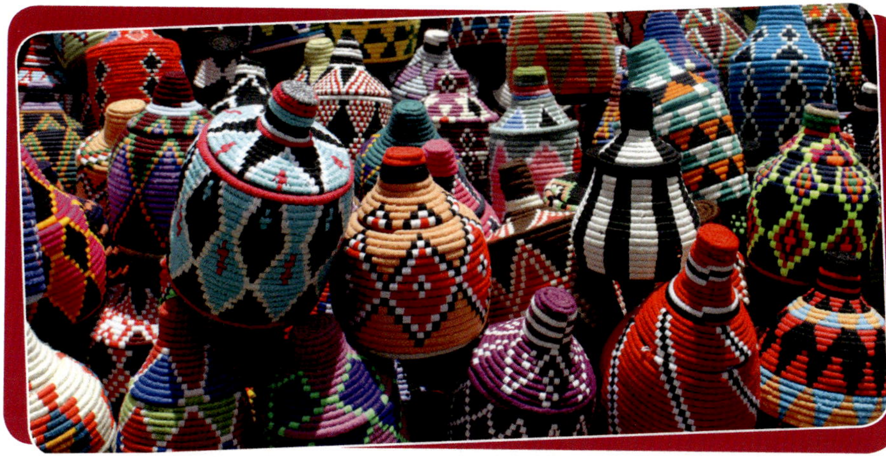

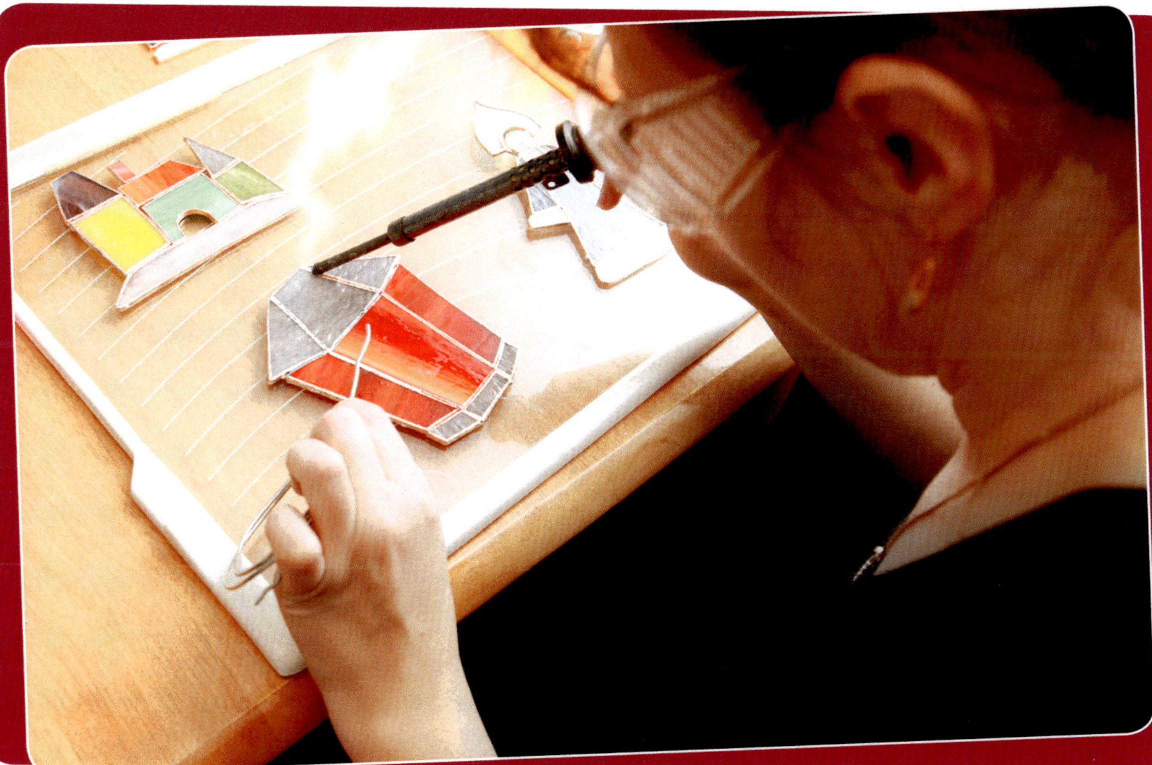

¿Puedes ver los cinco elementos del arte en vitrales artísticos?

Los artistas usan líneas

Las líneas son marcas que los artistas hacen en el arte. Las líneas muestran los bordes o contornos de los objetos. Nos dejan ver las formas que hacen los artistas. Hay muchos tipos de líneas.

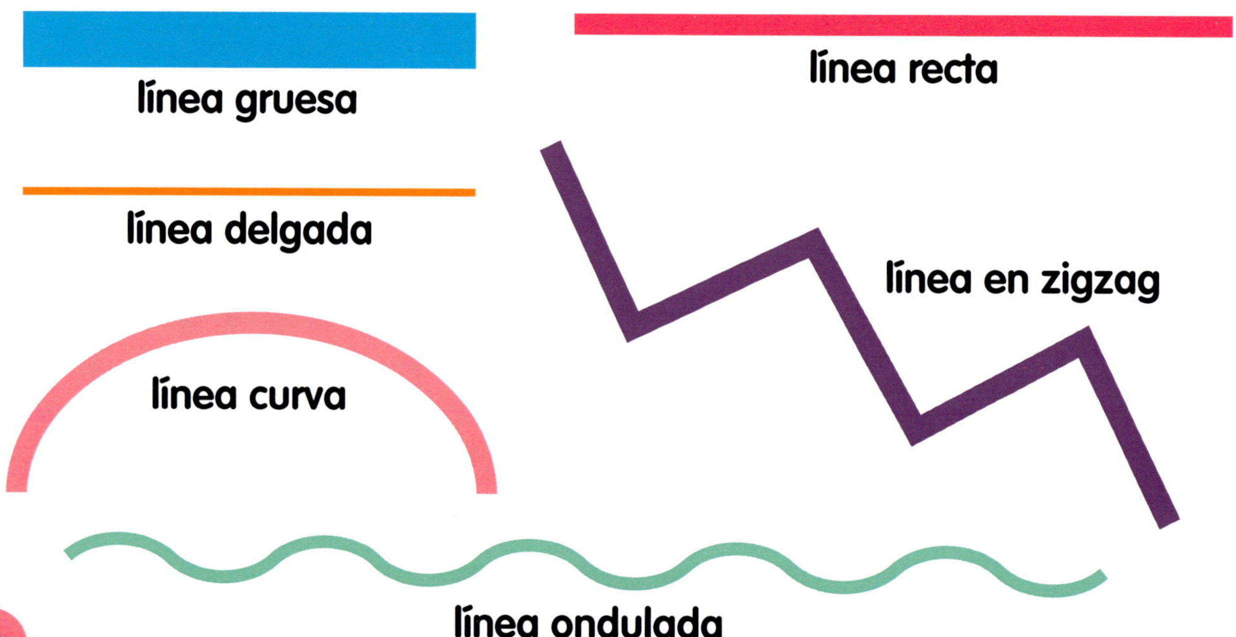

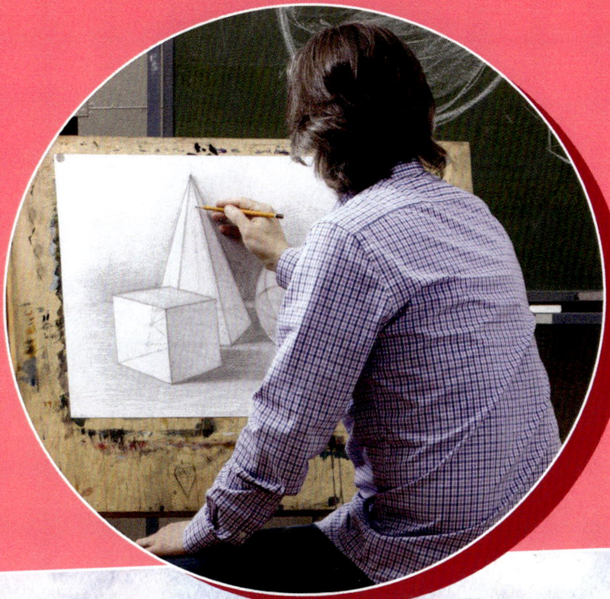

Este artista usa líneas rectas y curvas para dibujar formas distintas.

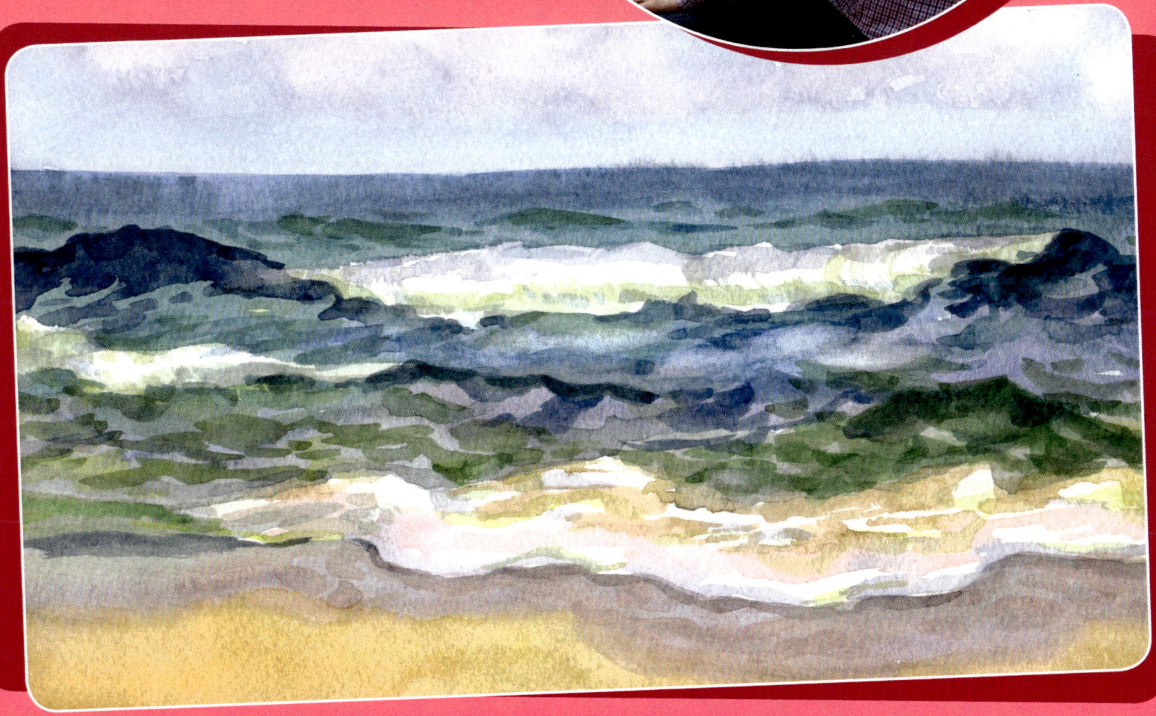

Un artista usó líneas onduladas para pintar el mar. Las líneas onduladas muestran cómo se mueve el agua.

Los artistas usan colores

Los artistas usan el color para mostrar diferentes sentimientos. Los colores brillantes pueden mostrar sentimientos alegres. Los colores oscuros pueden mostrar sentimientos tristes. El color también puede resaltar ciertas partes de una obra de arte.

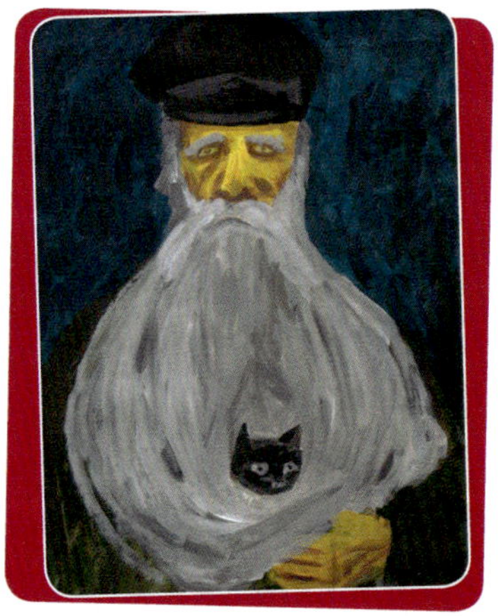

Un artista usó colores oscuros para mostrar que este hombre está triste.

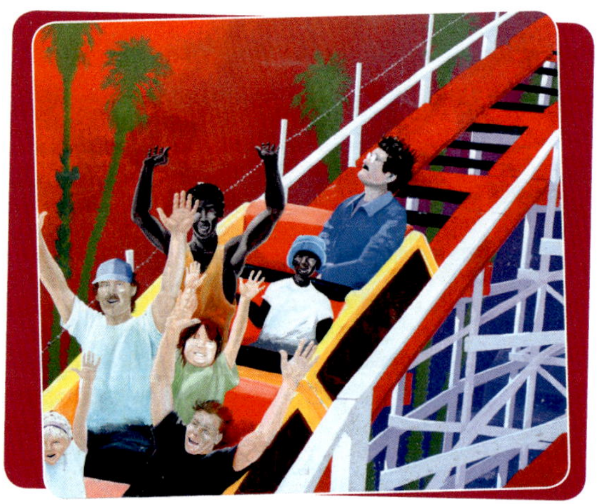

Un artista usó colores brillantes para mostrar que esta gente está feliz.

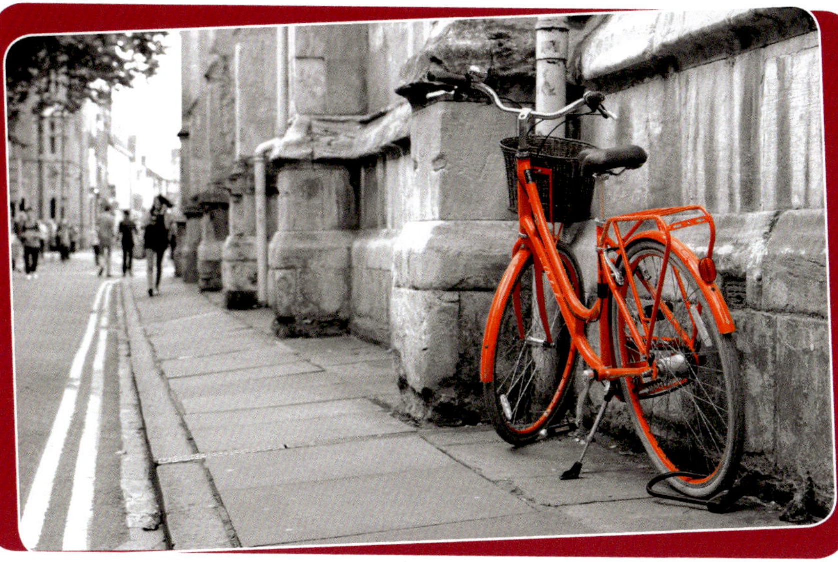

Un artista agregó el color rojo a esta foto. El color hace que la bicicleta destaque.

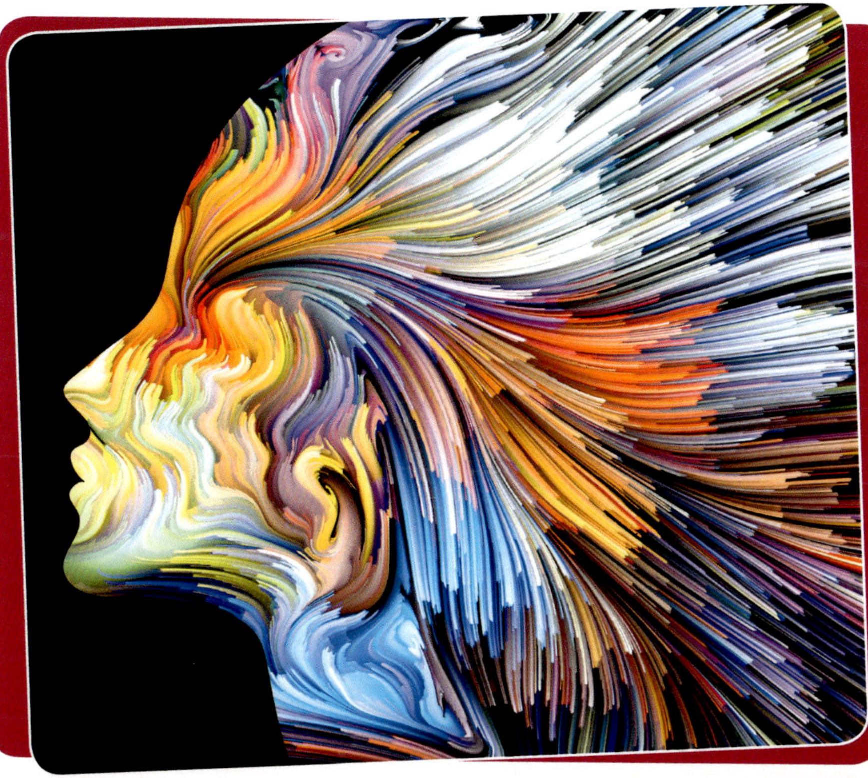

Un artista hizo esta pintura en un computador. Al usar un trasfondo negro hizo que los demás colores destacaran.

Los artistas usan formas

La forma es la silueta o contorno de un objeto. Los cuadros y los círculos son formas. Las estrellas y las flores también son formas. Los artistas usan diferentes formas para hacer sus obras de arte interesantes.

Este hermoso **mosaico** está hecho de piezas de distintos tamaños. Un artista las unió para crear una nueva forma.

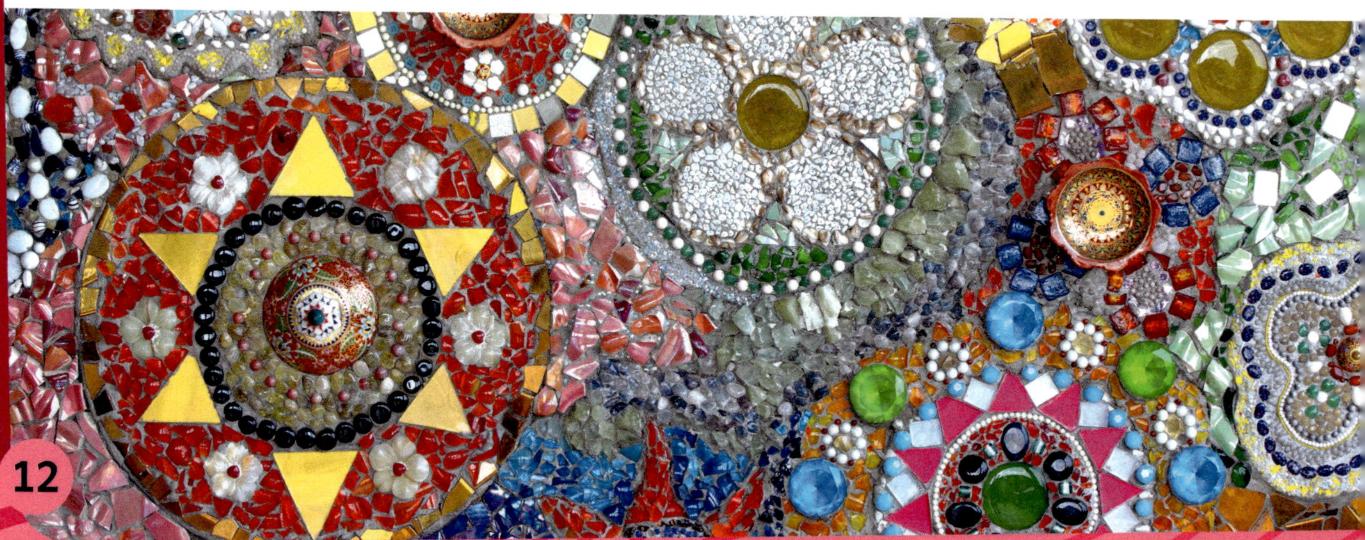

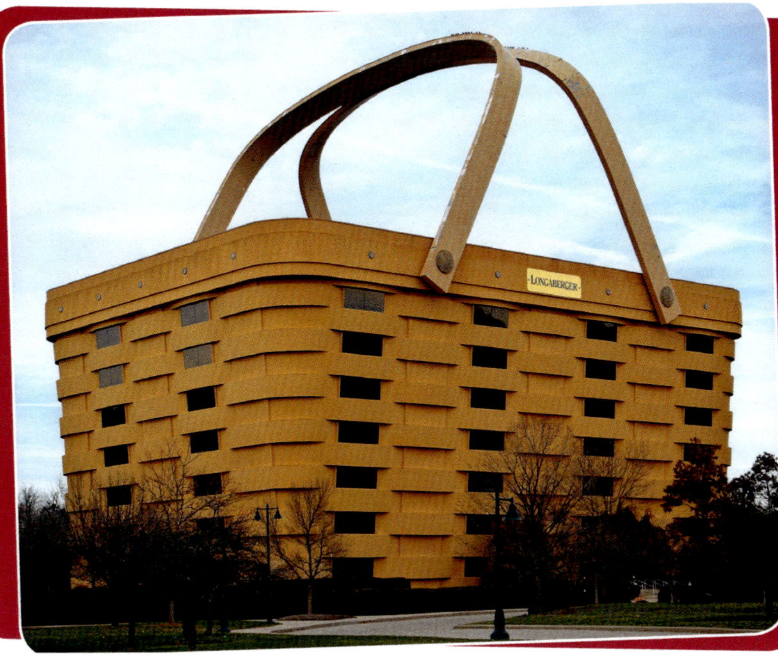

Este edificio tiene la forma de una canasta gigante. Su forma hace que verlo sea interesante.

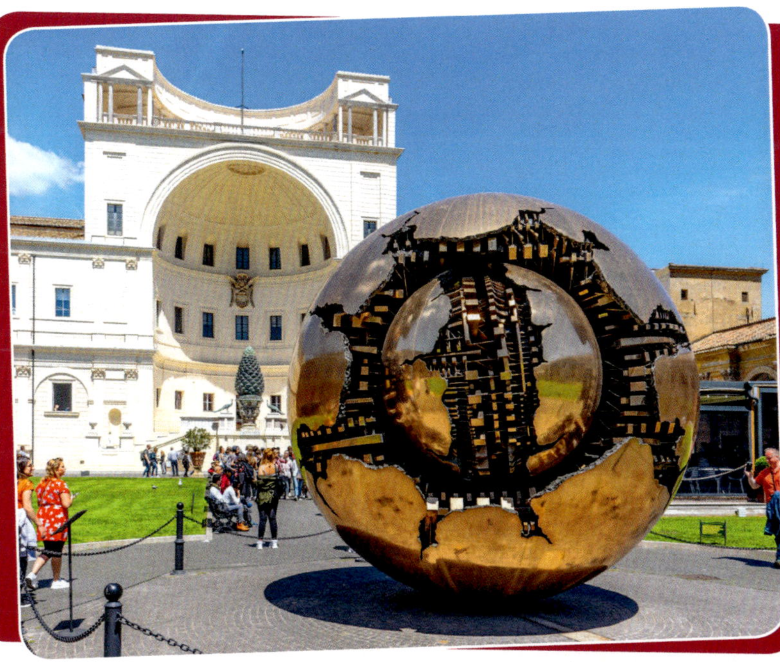

Un artista puso distintas formas juntas para hacer esta escultura.

Los artistas usan el espacio

El espacio es el área dentro y alrededor de los objetos. Los artistas usan el espacio para hacer que la gente y los lugares parezcan reales. También usan el espacio para llevar tu atención a alguna parte de la obra de arte.

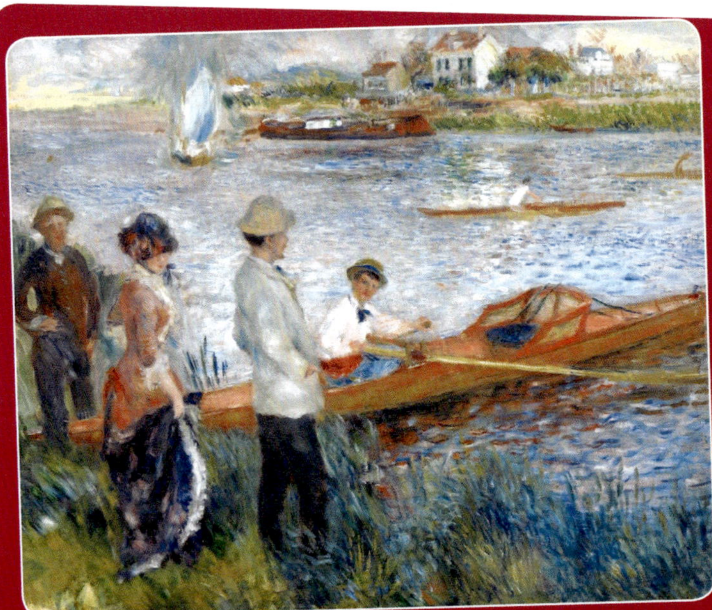

Un artista usó el espacio para hacer que esta pintura parezca real. La gente más grande en la parte baja del cuadro hace que se vea más cercana a nosotros. Las casas pequeñas en la parte de arriba parecen lejanas.

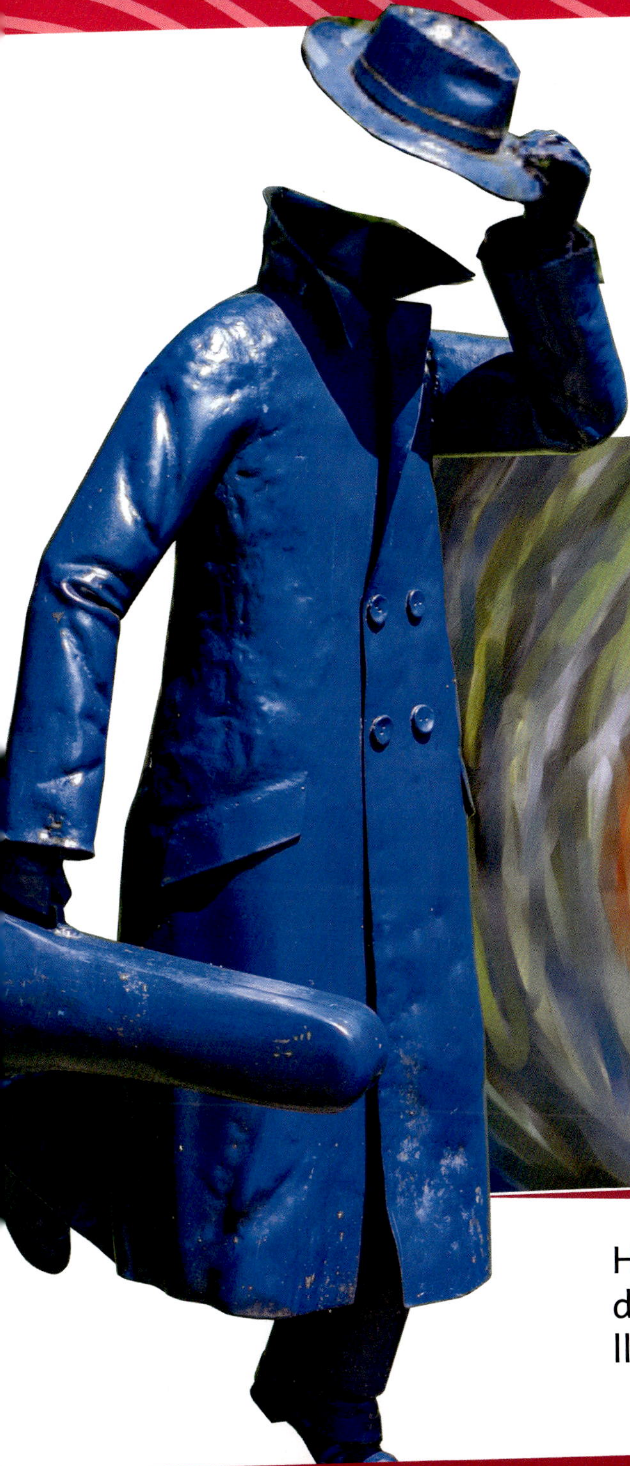

Un artista usó espacios vacíos para hacer interesante esta escultura.

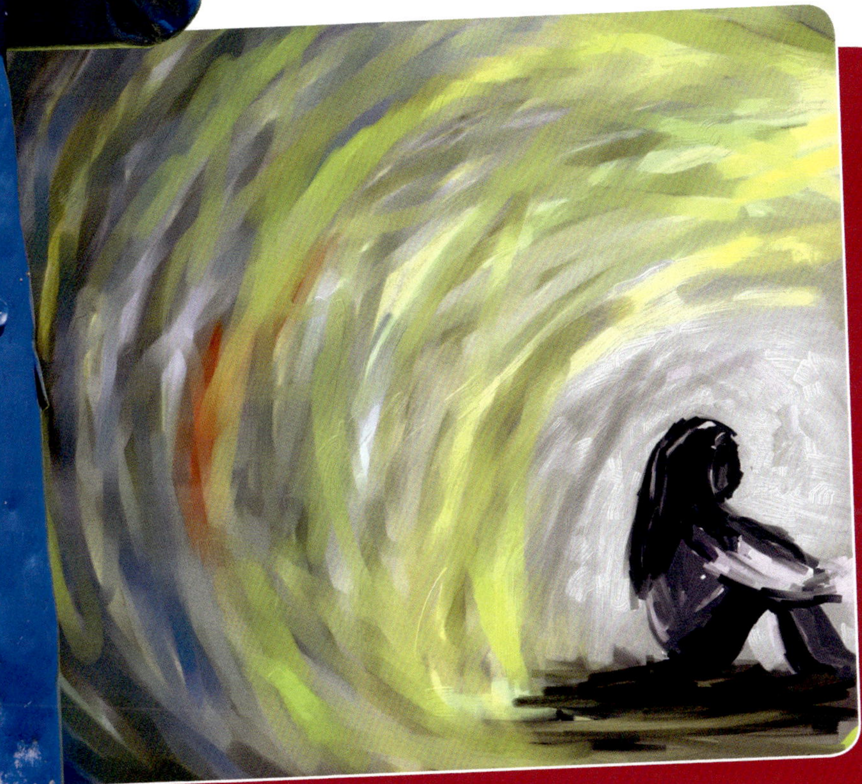

Hay mucho espacio vacío alrededor de la niña de esta imagen. El espacio lleva tu atención hacia la niña.

Los artistas usan texturas

La textura es la apariencia o sensación de una **superficie**. Una obra de arte puede ser lisa o áspera. Puede ser dura o suave. Los artistas usan las texturas para hacer que su arte se vea real o interesante.

Un artista usó la pintura de una manera que crea una textura áspera. ¿Puedes ver las partes salientes de pintura?

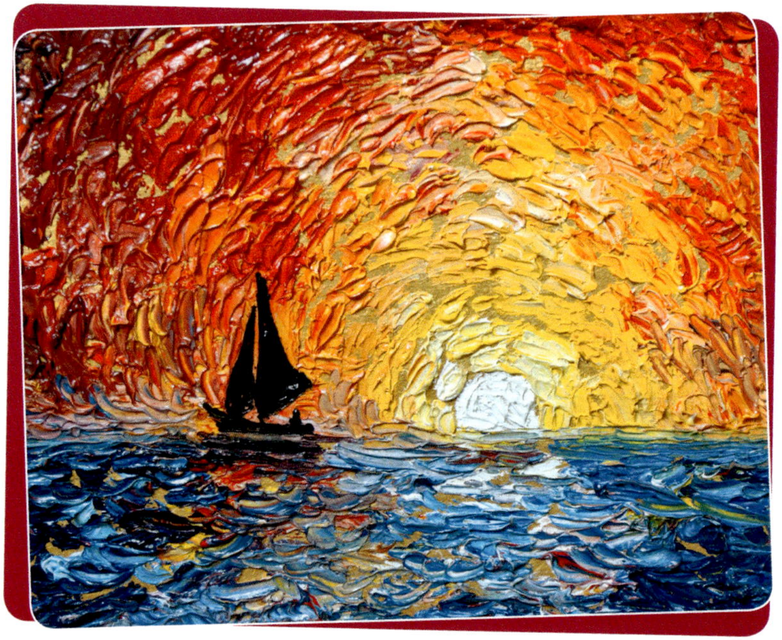

Los artistas pueden hacer texturas que puedes sentir. También pueden hacer obras de arte que parecen tener textura. Las líneas de este pez hacen pensar que su cuerpo tiene textura.

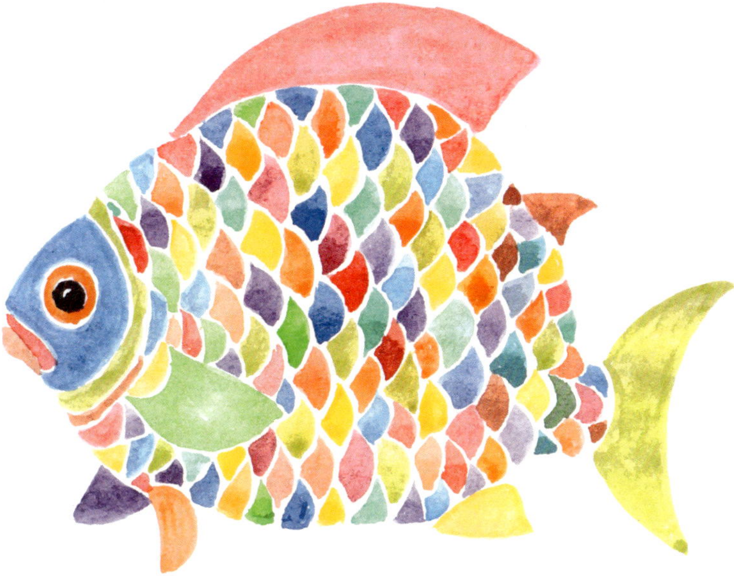

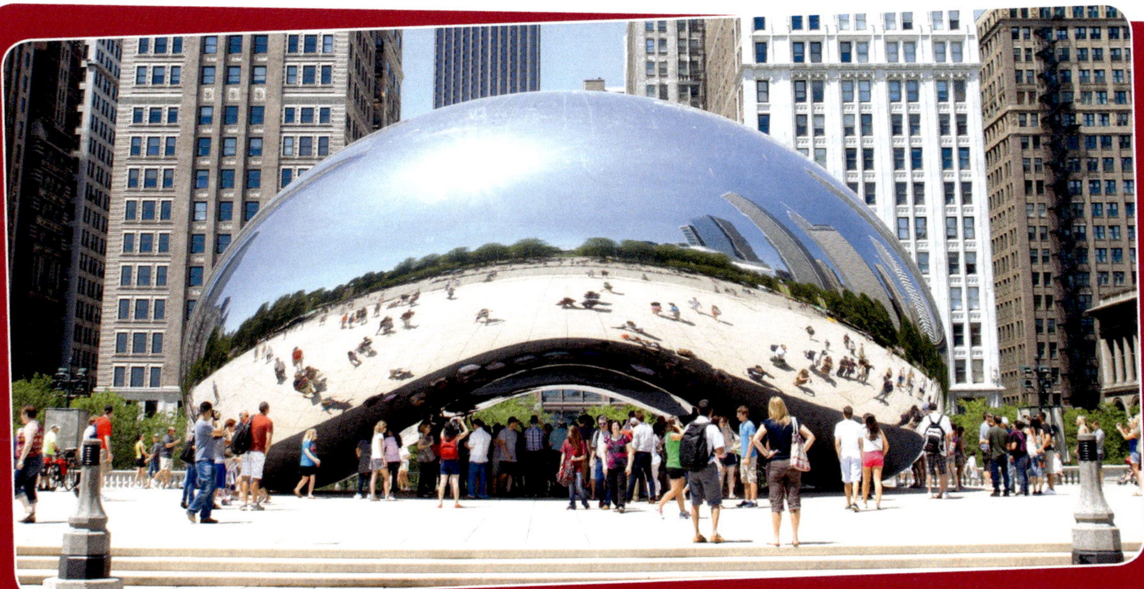

Esta escultura tiene una textura lisa y brillante. **Refleja** a la gente y los edificios que la rodean.

Creando patrones

Los artistas pueden usar los cinco elementos del arte para crear **patrones**. Repiten líneas, colores, formas, espacios o texturas en su arte.

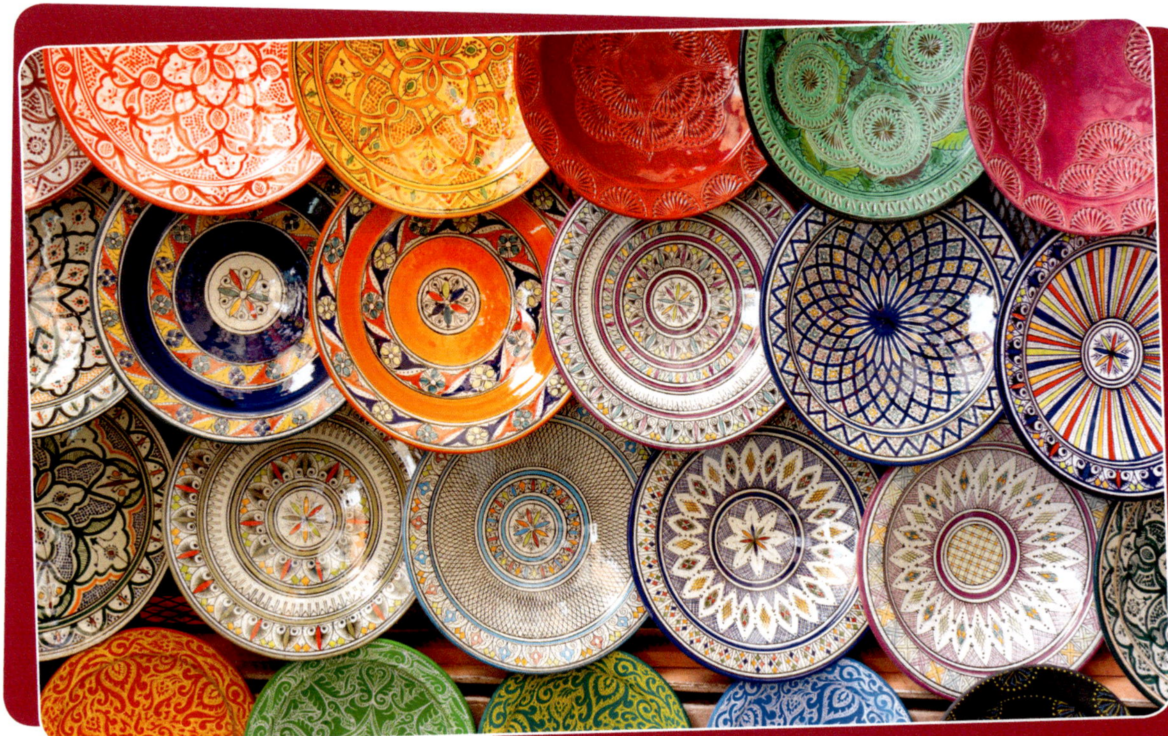

Algunos artistas usaron los cinco elementos del arte para crear muchos patrones diferentes en estos tazones.

Líneas y formas se repiten en esta escultura.

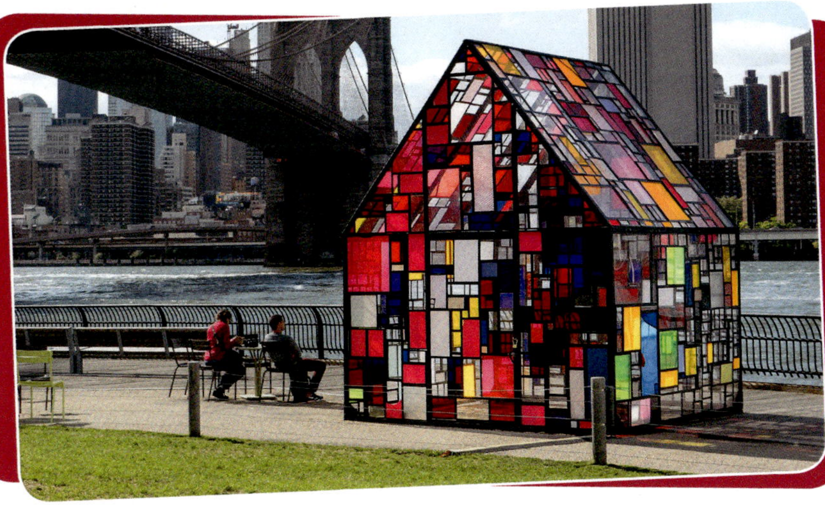

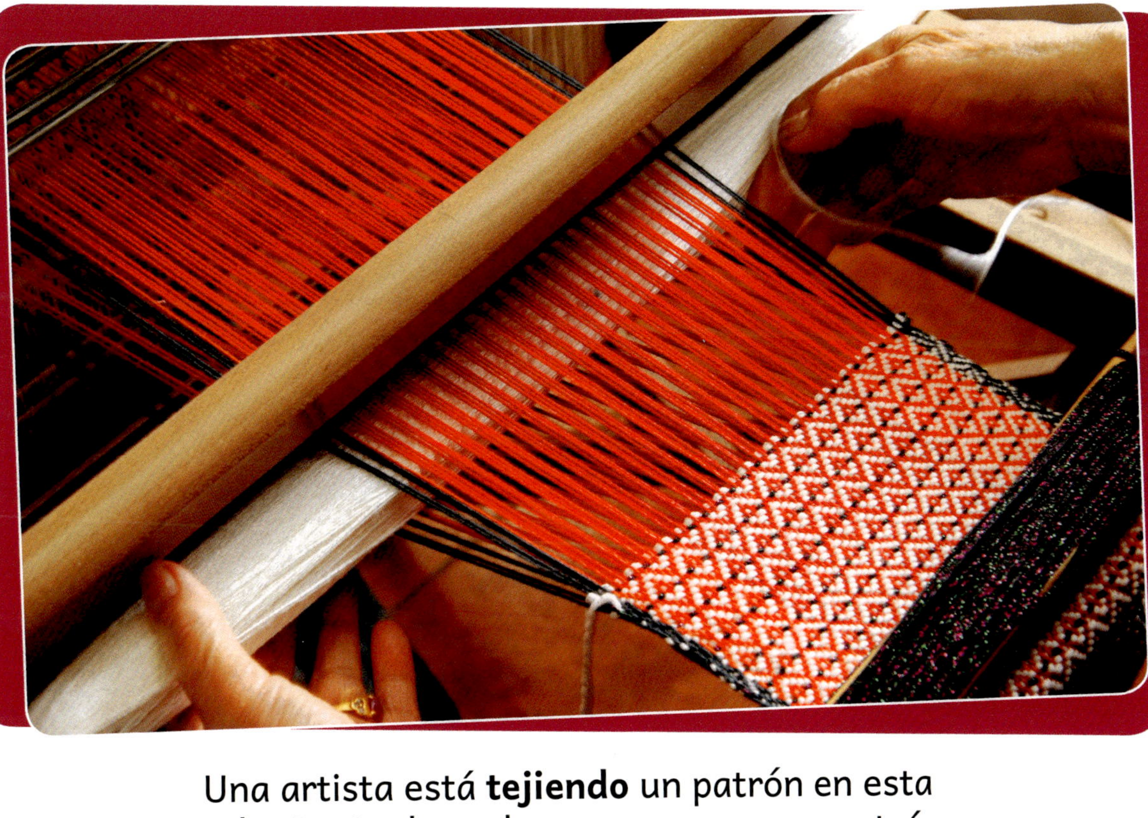

Una artista está **tejiendo** un patrón en esta tela. Repite los colores para crear un patrón.

Todos unidos

Algunos artistas unen los cinco elementos del arte. Usan los elementos para crear obras de arte interesantes y hermosas.

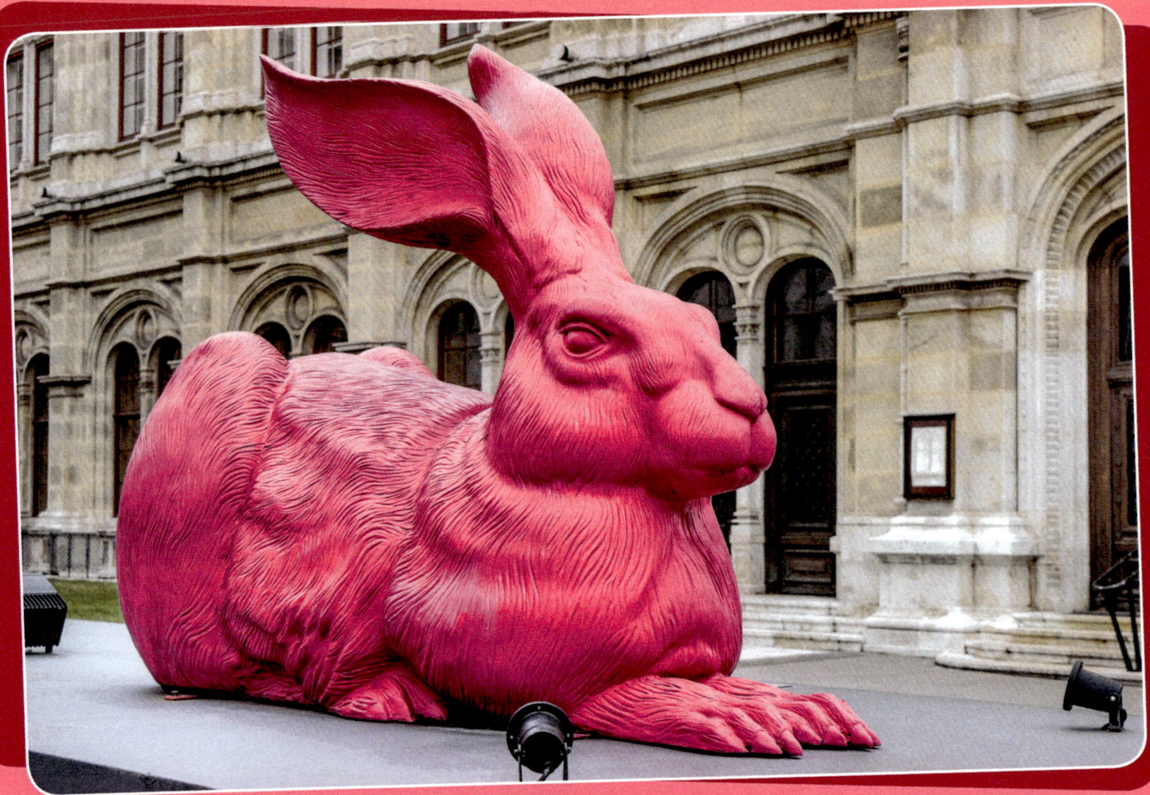

Forma, líneas y textura en esta escultura la hacen parecer un conejo de verdad. ¡Su color rosa y enorme espacio la hacen interesante!

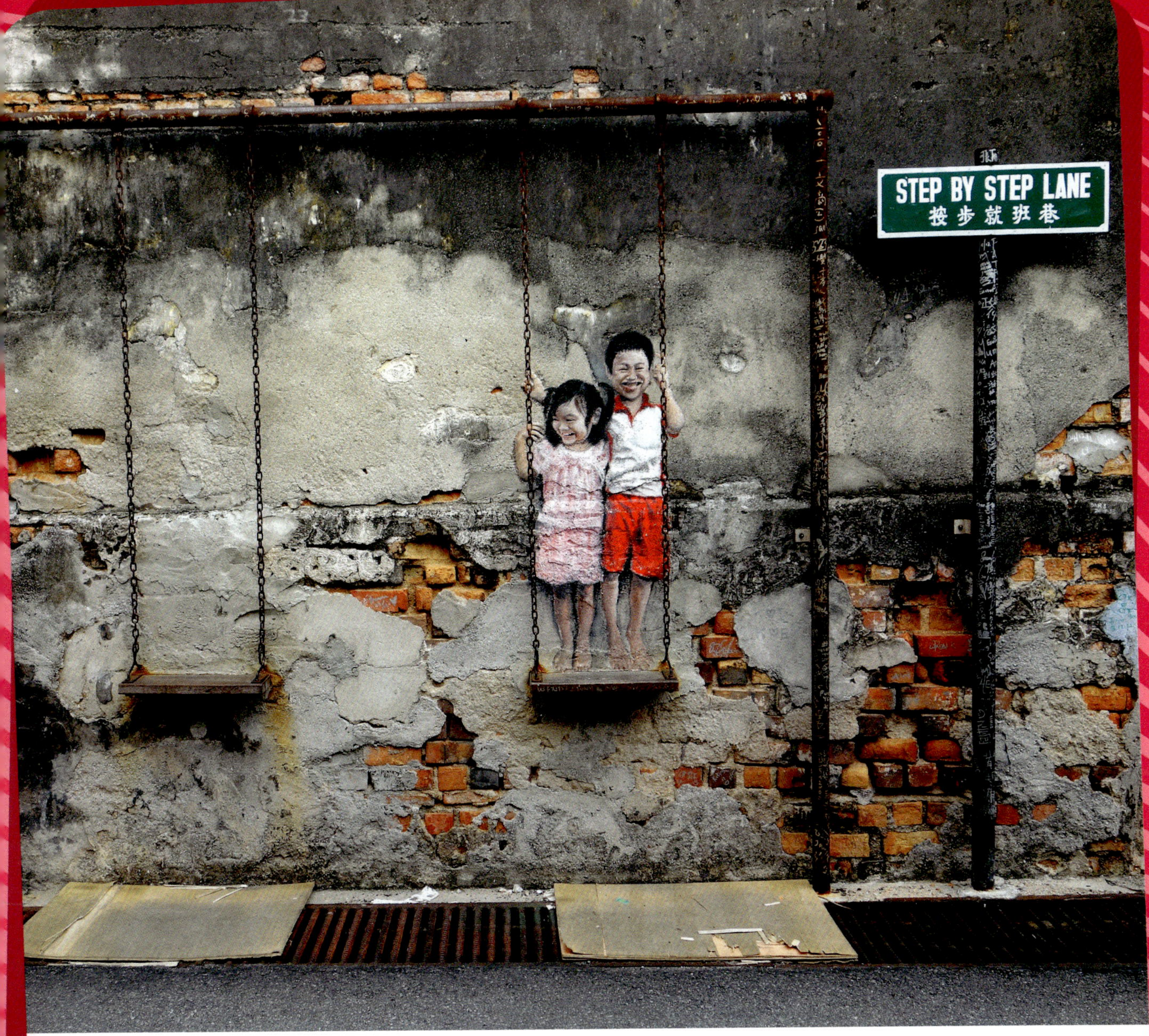

Un mural es una imagen pintada sobre un muro. ¿Cómo trabajan unidos los cinco elementos del arte en este mural?

Palabras nuevas

escultura: sustantivo. Arte hecho al dar forma y unir varios materiales.

mosaico: sustantivo. Arte hecho con muchas piezas pequeñas.

patrones: sustantivo. Diseños repetitivos.

refleja: verbo. Que regresa una imagen.

superficie: sustantivo. El exterior o parte superior de algo.

tejiendo: verbo. Enlazando y uniendo hilos.

textura: sustantivo. La sensación o apariencia de una superficie.

vasija: sustantivo. Un contenedor alto usado principalmente como decoración o para colocar flores.

Un sustantivo es una persona, lugar o cosa.

Un verbo es una palabra que describe una acción que hace alguien o algo.

Un adjetivo es una palabra que te dice cómo es alguien o algo.

Índice analítico

Sobre la autora

Robin Johnson es una autora y editora independiente que ha escrito más de 80 libros para niños. Cuando no está trabajando, construye castillos en el aire junto a su marido, quien es ingeniero, y sus dos creaciones favoritas: sus hijos Jeremy y Drew.

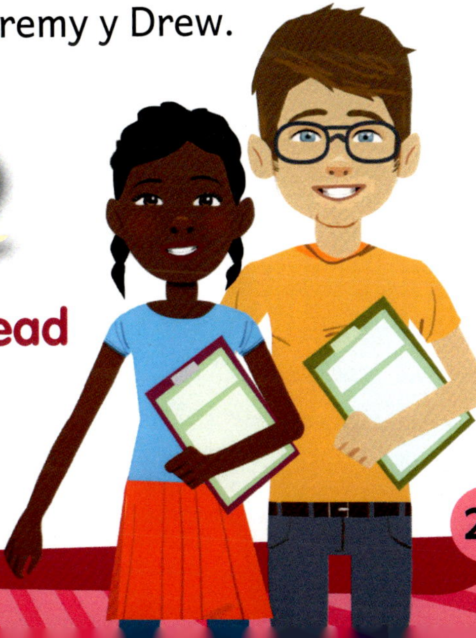

Para explorar y aprender más, ingresa el código de abajo en el sitio de Crabtree Plus.

www.crabtreeplus.com/fullsteamahead

Tu código es: fsa20

(página en inglés)

Notas de STEAM para educadores

¡Conocimiento a tope! es una serie de alfabetización que ayuda a los lectores a desarrollar su vocabulario, fluidez y comprensión al tiempo que aprenden ideas importantes sobre las materias de STEAM. *Los cinco elementos del arte* introduce a los lectores a técnicas de artes visuales al tiempo que les permite reunir y diferenciar información contenida en imágenes y en texto. La actividad STEAM de abajo ayuda a los lectores a expandir las ideas del libro para el desarrollo de habilidades artísticas y matemáticas.

Mi patrón artístico

Los niños lograrán:

- Hacer una obra de arte que incluya claramente los cinco elementos del arte.
- Usar los elementos del arte para crear un patrón repetitivo. (Extensión: el patrón puede incluir formas en dos y tres dimensiones).

Materiales

- Materiales y herramientas artísticos, incluyendo esponjas, palitos, papel, reglas, cinta adhesiva, pegamento, pinceles, plumas, pintura, plastilina, lápices, crayones, piedras, pétalos, bloques o juguetes de plástico, lienzos, etc.
- Hoja de trabajo «Mi patrón artístico».
- Notas adhesivas.

Guía de estímulos

Después de leer *Los cinco elementos del arte*, pregunta:

- ¿Cuáles son los cinco elementos del arte? Crea una definición para niños de cada uno. Repasa algunas piezas de arte del libro para mostrar ejemplos de los cinco elementos.
- Repasa las páginas 18 y 19. Pregunta a los niños: ¿qué es un patrón? ¿Cómo nos ayudan los elementos del arte a hacer patrones?

Actividades de estímulo

Explícales que usarán los cinco elementos del arte para crear una obra de arte que tenga un patrón. Si los niños ya han estudiado las formas en dos y tres dimensiones, su patrón puede incorporarlas.

Entrega a cada niño la hoja de trabajo «Mi patrón artístico». Explícales que tienen que usar la hoja de trabajo para planear su obra de arte. Repasa los criterios con ellos: su obra debe mostrar los cinco elementos del arte. Habla con los niños mientras trabajan para asegurarte de que van por buen camino.

Pide a los niños que completen su obra de arte después de que hayan terminado de llenar su hoja de trabajo. Luego, expón sus obras. Entrega a cada niño 5 notas adhesivas. Deberán usarlas para etiquetar cada uno de los elementos del arte en su propia obra.

Extensiones

Invita a los niños a experimentar con uno de los elementos del arte para cambiar la apariencia de su obra. Deben cambiar algo de algún elemento, como convertir las líneas rectas en onduladas. Analiza cómo cambia la apariencia o sensación de su obra de arte.

Para ver y descargar la hoja de trabajo, visita **www.crabtreebooks.com/resources/printables** o **www.crabtreeplus.com/fullsteamahead** (páginas en inglés) e ingresa el código **fsa20**.